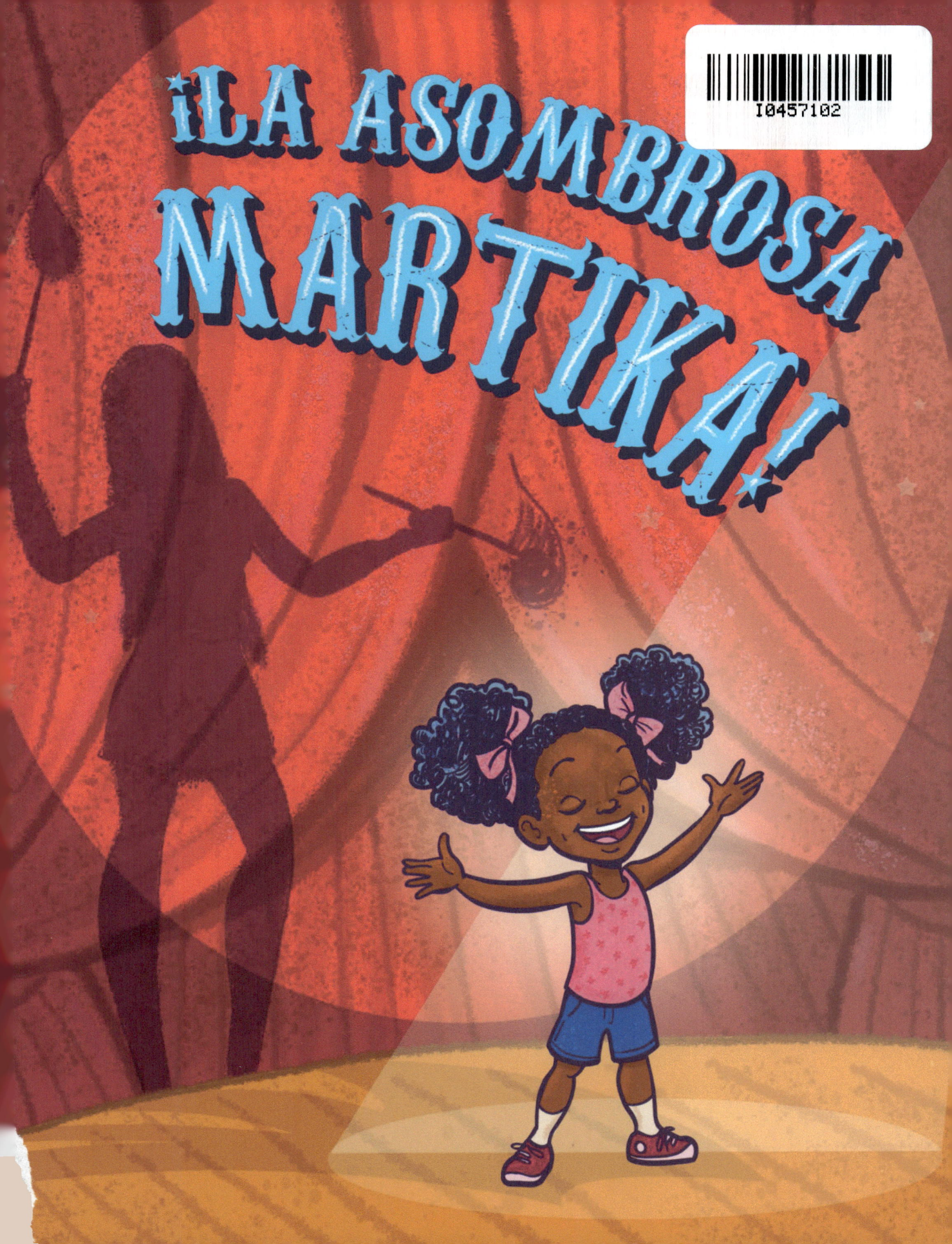

Libro de bolsillo ISBN: 979-8-985-76141-2

Primera edición del libro de bolsillo Febrero 2022

Escrito por Martika Daniels
Ilustraciones por Damian Blake
Arte de portada por Damian Blake
Traducción por Sergio Méndez

Sitio web de la publicadora www.themartikashow.com

Dedico este libro a mi familia
y amigos que me han apoyado
en mi camino.

¿Te gustaria ir al circo? ¿Quisieras ver las luces, escuchar la música, ver los trucos? Si tienes suerte, ¡me versás a mi! Yo soy Martika y tengo el espectáculo de trucos de una sola mujer.

No, no huí con el circo. Fui inspirada, trabajé arduamente, y ¡elegí crear mi propio espectáculo! Yo hago trucos peligrosos que lucen agraciados y sin esfuerzo.

¡Tuve todo menos una educación normal! crecí con mi padre en la Fuerza Aérea de los Estados Unidos, y su trabajo nos llevó por todo el mundo.

Desde Florida a Oklahoma, luego a Alemania y hacia California, y finalmente a Kansas.

Aunque mis padres trabajaron duro por nuestra familia, ellos aún hicieron tiempo para mis hermanos y yo. Fuimos muy afortunados de pasar en familia vacaciones en lugares como Francia, Italia, Suiza, Luxemburgo y Alemania.

En una de las aventuras con mi familia, miré a un Busker por primera vez- ¡Un malabarista! Un Busker; es un artista que actúa en las calles.

Mágicamente moviéndose por las calles de Roma, Italia, el artista estaba arrojando antorchas en llamas de una mano a la otra con habilidad y facilidad. ¡La gente se juntaba alrededor para decir; oooohhh y decir ahhh al mirar el maravilloso espectáculo!

Descubrí, también que hay otros tipos de arte de espectáculo. Actos como tragar fuego, escapismo, y otras atracciones de trucos como tragar espadas. Entre más leia, más historia encontraba. Y aprendí, más acerca de artistas que lucían como yo. Artistas de color mostrando sus maravillosos talentos y haciendo increíbles hazañas de peligro.

HOUDINI

Escape Art

Strong

Snake

Sword Swallower

Chocolat & Foottit
Paris, France 1900

La historia del circo y otras atracciones tiene un lado glamoroso y un lado oscuro. Los hermanos Muse fueron tomados de su casa en contra de su voluntad y vendidos a un director de circo. Cuando aprendí la historia de estos hermanos, admire su fortaleza.

The Muse Brothers

JOSEPHINE BAKER

Descubrí Josephine Baker. Josephine desafió límites y rompió estereotipos. En la cima de su carrera ella fue la mujer mejor pagada en Europa.

Nos mudamos alrededor del mundo, mantuve mi pasión por el circo cerca de mi corazón. Aunque no podía aún hacer trucos que desafiaban la muerte, practique para fortalecerme, tener más agudeza, coordinación, dedicación y atletismo- ¡todas las cualidades que necesitaría un día si fuese a convertirme en artista de circo!

Practique siendo animadora,
gimnasta, softball, baile de tap,
baile de jazz, baile moderno,
¡y hasta ballet!

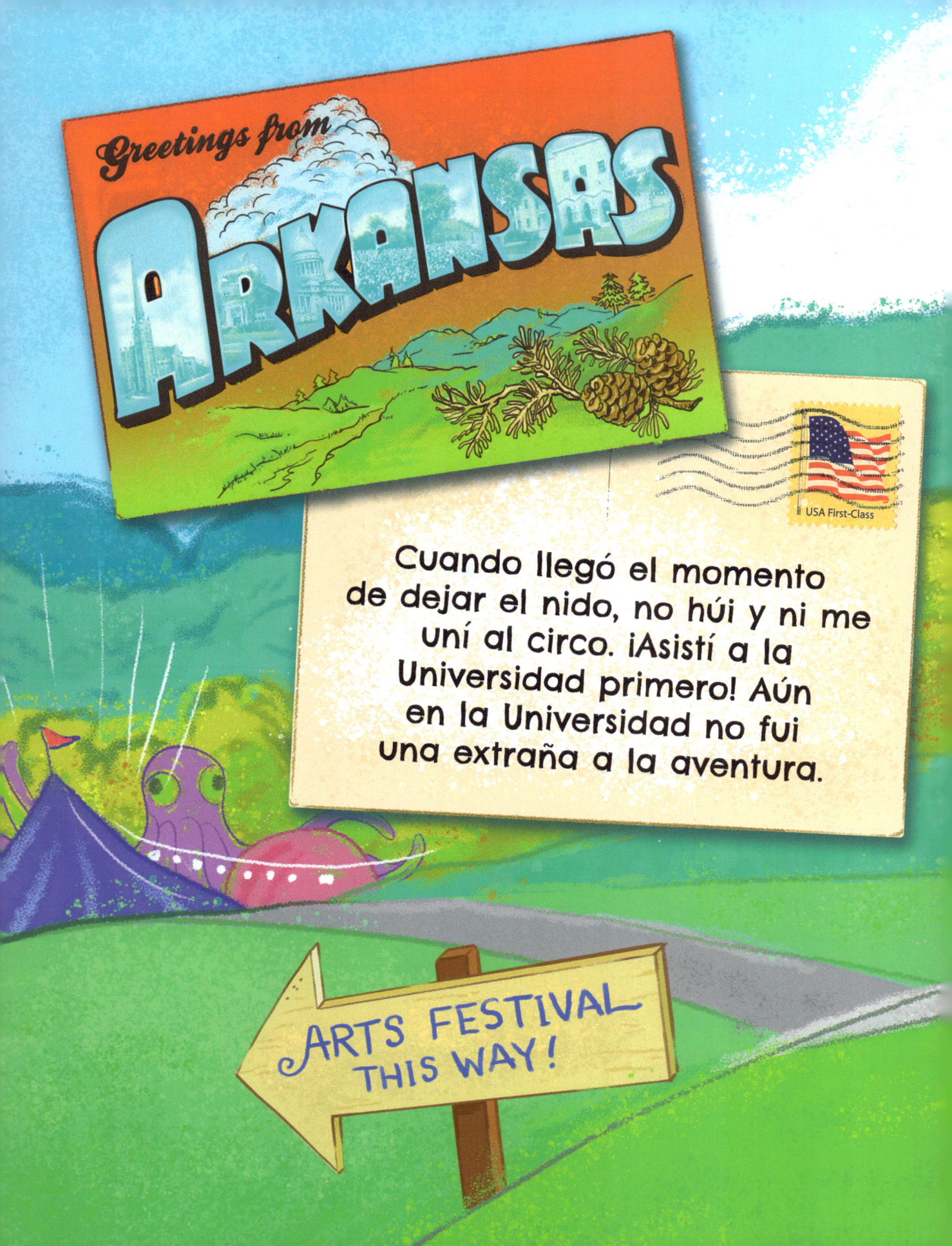

Greetings from ARKANSAS

Cuando llegó el momento de dejar el nido, no húi y ni me uní al circo. ¡Asistí a la Universidad primero! Aún en la Universidad no fui una extraña a la aventura.

USA First-Class

ARTS FESTIVAL THIS WAY!

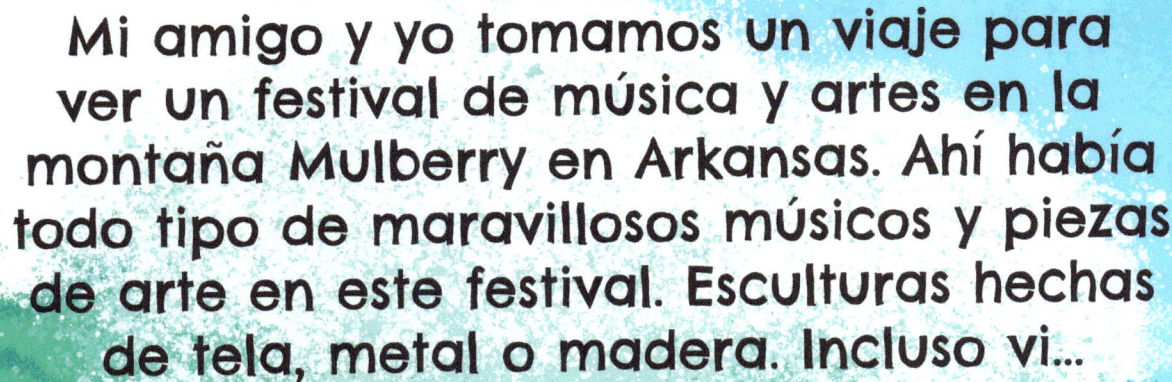

Mi amigo y yo tomamos un viaje para ver un festival de música y artes en la montaña Mulberry en Arkansas. Ahí había todo tipo de maravillosos músicos y piezas de arte en este festival. Esculturas hechas de tela, metal o madera. Incluso vi...

...¡artistas de circo!
Conocí personas y artistas
de todo el mundo que vinieron
solo para este festival.

Viendo a todas esas personas vivir sus sueños, se despertó un fuego en mi barriga. ¡Estaba lista para vivir mi pasión también! Han pasado 10 años desde que por primera vez vi a un artista de circo en la vida real. Esta vez, quería tomar ventaja y preguntar al artista algunas preguntas. Tan pronto como la artista terminó, rápidamente me acerqué con maravilla y asombro.

Cuando tuve su atención desate mil preguntas
Pronto me di cuenta de que olvide una
pregunta -¡su nombre! "Me puedes llamar Luna",
me dijo con una sonrisa. "Enseñaré clases
de Hula Hoop mañana. Deberías venir. Vas a
necesitar un aro de Hula."

Me apresure alrededor del festival todo el día
buscando el aro perfecto de Hula. Muchos vendedores
distinguidos tenían gorras, sombreros, listones,
estampas, aros de Hula de arco iris, y más.

Al final de una fila de aros, un aro de Hula color negro con verde azulado y brillante cinta verde atrapó mi mirada. Ese era mi aro. ¡Lo sabía!

La clase de aro de Hula era difícil, ¡muy difícil!
Mi aro se cayó una y otra vez. ¡Incluso me
pegue yo misma en la cara con el aro!
Pero no me rendí.

Luna, la artista internacional y maestra de
aro, me alentó a seguir intentándolo. ¡Tuve la
confianza de aprender mis primeros trucos con el
aro de Hula!

Cuando llegué a casa del festival todo lo que quería hacer era practicar. Practique cuando me desperté y entre las clases en la escuela. Lento, pero seguro, estaba mejorando. Cuando no estaba practicando, estaba pensando en practicar.

Mi pasión por aprender el arte de el aro de Hula me llevó a desafiarme a mí misma cada día. Dentro del siguiente año decidí que el aro de Hula no era suficiente. Estaba lista a empujarme a mí misma. Busqué los mejores maestros para aprender las artes del fuego, escapismo, y otras atracciones. Entrené por años para llegar a ser la mejor que pudiese ser. Estaba lista para una multitud.

Finalmente, el día llegó. Mientras esperaba mi turno para actuar, pensé acerca de todas las partes de mi acto yendo perfectamente en mi cabeza. Me imaginaba mi sonrisa, el público, y las sonrisas en los rostros de los niños. ¿Les gustaría mi espectáculo?

Salí, sonreí, y actúe con mi aro de Hula, no me pegue en la cara ni tan siquiera una vez. Escuché reir a los niños. Baile con mis aros justo como lo había practicado.

Saqué mis antorchas de fuego a girar, baile y luego sople una gran flama. ¡Escuche a los adultos quedarse sin aliento! ¡oohhh! ¡y aaahhh! Realicé mis trucos de fuego sin falla.

Yo soy Martika, y he creado el espectáculo de trucos de una sola mujer. Soy apasionada por mi trabajo como artista internacional de circo y atracciones. Quiero mostrar eso a todos, con el apoyo de tu familia, determinación, y práctica, ¡alcanzar tus sueños es posible! No importa cuánto tiempo te tome, para disfrutar la vida debes perseguir tu felicidad.

Acerca de la Autora

Martika Daniels artista y autora radicada en Kansas City, Missouri. Después de descubrir las artes circenses a una edad temprana, Martika ha estudiado una variedad de disciplinas incluyendo baile, hula hoop, artes del fuego, y atracciones. Ella ha presentado su show de trucos de una sola mujer, llevando discursos motivadores, y enseñando talleres de las artes circenses alrededor del mundo por más de una década.

La inspiración para La Asombrosa Martika proviene del deseo de compartir la chispa que el circo le trajo cuando era niña.

Acerca del Ilustrador

Damian Blake artista y animador radicado en Kansas City, Missouri. Ha trabajado como diseñador para corporaciones incluyendo Hallmark Cards, e ilustra para clientes alrededor del mundo. Artista desde su niñez, ha traído su amor de Payaso en roles escénicos, espectáculos de cabaret, y trabajo en comerciales. Tambien consumado imitador e historiador de Charlie Chaplin, y también ha llevado comedia muda de costa a costa.

www.ingramcontent.com/pod-product-compliance
Lightning Source LLC
Chambersburg PA
CBHW041558120626
46551CB00002B/250